AF596469

PROSOPOPEE de la Province Angoumoisine sur la mort du Roy.

Par E. Glatinon Angoumoisin.

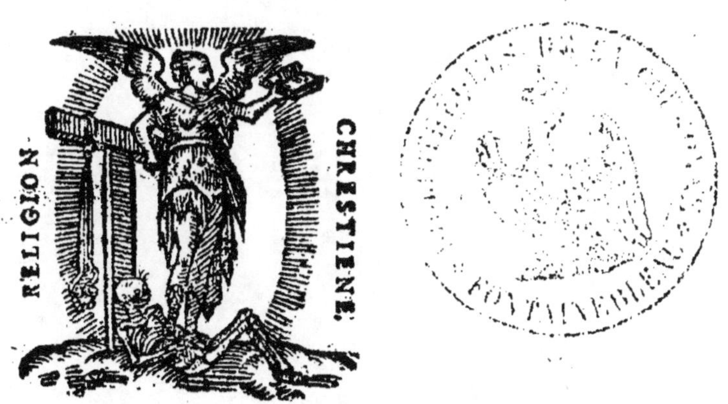

A LA ROCHELLE,
Par les herir. de H. Hautin.
M. DCX.

PROSOPOPEE de la Province Angoumoisine sur la mort du Roy.

ON esprit n'estoit plus en moi : je defaillois. Pressé du regret douloureux de la perte de ce grand Prince, le Pere de ma patrie. Agité de l'apprehension que pouvoit causer un coup si execrable; Quand cherchant quelque relasche a ma peine, mon corps accablé de travail fut assoupi de sommeil, mon ame enveloppee de ceste forte imagination fut troublee par les songes, qui se representerent.

I'estois en ma vision de nuict, sur la rive de Touvre. Le ciel estoit serain, la terre gaye, la riviere coye, toutes choses en paix, quãd subit le fleuve coule sanglant: le soleil s'eclypse: un morne triste s'espand sur la face de la terre: un vent ve-

hement soufflãt du midi rem-
plit l'air d'orages & de tem-
pestes : Les nuës se chocquãt
s'esclattẽt en foudres espou-
vantables: la terre s'ouvre en
casmates, engloutit Maignac
(le lieu ou est nay ce detesta-
ble.) Cet inopiné accident
m'effraye, me transit de peur:
je veux fuir , je me sens comme attaché à la terre.

Lors du milieu de ces ruines au travers ceste fumée
obscure sort une matrone,
que ses vieux ans rendoient
venerable: les cheveux espars
transportée d'esprit, les yeux

pleins de larmes, la face ſanglãte d'égratigneures, la bouche entre-ouverte de violẽts ſouſpirs, l'eſtomac plombé de coups; ſa robe ſale à lambeaux, mal menée en toutes les parties de ſon corps, chãcelante de douleurs; s'arrachant les cheveux, ſe dechirant la face, ſe mordant les mains, comme forcenée. Ses foibles pieds ne pouvãs plus ſupporter ceſte miſerable, elle tombe plat à terre ſur ſa face. Ou apres quelque eſpace, ſes ſanglots donnans lieu à ſa parole, elle deploroit ainſi ſes malheurs.

Que n'ay-je esté sterile: que n'a esté empesché le fruict de mon ventre: pourquoy ma matrice n'a elle esté serree? Malheur à moi, lors qu'on a dit, qu'un enfant masle estoit nai de moi. Moi malheureuse par ma fecondité, j'ai conceu le monstre, j'ai enfanté le prodige qui m'a perdue. Que di-je? Tu as esté conceu dans la dureté des rochers. Tu n'es point de mon sang. Vermine prodigieuse, ce siecle mauvais t'a faict germer de ma corruption. Tu as esté produit dans les frayeurs d'une nuict palpable en ſes tenebres, vomi du fonds des gouffres effroyables: les furies t'õt allaicté. Parricide execrable, quel homicide Dæmõ te poſſedoit? Quel deſſein abominable, projetté dans les horreurs des abyſmes t'a porté à ce malefice? impitoyable, Traiſtre, meurtrier, que n'ai-je connu ta malice? que n'ay-je preveu ta meſchãceté: proditoire aſſaſin, Ie me fuſſe perdue, pour en ma mort t'eſteindre, t'eſteignant eſtouffer ton entrepriſe dãnable. Il m'euſt eſté mieux: mes ans ſeroient

reduits

reduits au ſepulchre en paix. Ie ſerois ſeule giſante & mon affliction ne ſortiroit ma famille. I'euſſe eſté conſolee en ma cheute, commune a toutes choſes creées. Mais, las! mon cœur eſt navré dans moi: je ſuis reduite aux angoiſſes de la mort, & ſi ne puis mourir. Ton crime allume dans mon ame des deſplaiſirs extremes perpetuels ſupplices de ton forfait, un feu qui ne s'eſteint point. Ie ſuis agitee dãs un cercle d'inquietudes: mes maux s'entreſuivent comme les flots, & le cours des eaux: une playe attire l'autre playe, une douleur naist de l'autre douleur, un torment enfante l'autre torment: & il n'y a point de fin.

Helas, malheureux enfant, que la fin de mes jours eust precedé ta naissance, que tu eusses esté accablé dans mes ruines. Ces masures subsisteroient encores en benediction, & mes edifices sont en opprobre à tous. Ie suis la honte des peuples: je suis rejettee: tu as fait puir mon nom entre les nations: tu me fais estre ignominieuse en la presence de tout passant: ma face est couverte de confusion: mon mal est sans remede, & il n'y a point de consolation.

Helas, mes chers enfans, que ie patis de vous avoir produit ce monstre: que vos peines me travaillent: que vos regrets me fatiguent. Vous avez perdu, helas par la main de ce cruel, vostre Roy, le cõservateur de vos vies, le protecteur de vos biens, l'appuy de vostre patrie, l'effroy de vos haineux. Vous l'avez perdu, & la France vous le redemande: Que pouvez vous rendre à la France, que des ames preſſees du mal commun, du commun reſſentimẽt des peines de la France. Las, que de peines me naiſſent de vos peines.

Mes peines, helas, ô France, de laquelle je fais partie, partie Eſthiomenée par cet' ame pourrie. Au moins ayez pitié de moy, vous parties de ce tout: vous mon tout, o France, ne me ſeparez point de voſtre corps, ſelon l'apparence de mon mal. Apportez pluſtoſt voſtre affection naturelle pour la conſervation de voſtre tout, en conſervant ceſte partie malade. La douleur a atteint tout voſtre tout. Mais c'eſt la douleur de moi partie de voſtre tout, qui vous attire à ce compatimẽt. Ie ſuis la premiere offenſée: mon mal eſt d'autant plus deplorable, que je ſouffre au double plus de douleurs. Au moins ayez pitié de moi, ayez pitié de moi, vous parties, qui concourez avec moi à la compoſitiõ de cet Eſtat. Ayez pitié, ayez pitié de moi: car mon amertume eſt treſamere. Le Seigneur a trempé les fleches de ſa fureur dans mon ſang, ſes eſtonnemens me combattent. Ie m'envai comme l'ombre quand elle decline: mes jours defaillent comme fumée. Ayez pitié de moy, ayez pitié de moy, aidez moi, & me ſauvez: Que ie ſois recouſſe, comme du ſepulchre. Hé, pourquoi vous redemanderois-je la vie de mon Prince, ſi un Barriere, un Chaſtel, apoſtumes de voſtre corps l'avoient oſté?

Et vous, mon Roy, lequel Dieu beniſſant, ſelon ſon decret a aſsis ſur le throſne de voſtre Pere, ie ſerai, tous les iours de voſtre regne avec le ſac & la cendre, giſante aux portes de voſtre Palais: je ſerai en dueil: les plaiſirs de mõ ame ſont paſſez de moy: j'oublirai de manger mon pain: De jour le haſle me conſumera, & de nuict la gelee: & je ne m'ẽdormirai point, eſplorée, triſte, pleine de langueurs. Mon coeur aſſeiché, paſle en mon eſvanouiſſement, tirant les derniers ſouſpirs, iuſques a ce que l'aſsignation ſoit eſcheuë, que les jours de mon

dueil ſoient accomplis : juſ
ques à ce que voſtre cour
roux & voſtre indignation
ſoient paſſez: que vous vou
ſoyez levé, & ayez eu com
paſsion de moi, me reſta
bliſſant en mō premier eſtat.
Mon ame retournera lors
ſon repos. Ainſi le Seigneu
vous ſoit pour pere : que vo
jeunes ans ſoiēt eſlevez d'un
ſoin ſpecial de ſa providēce
que ſa bonté ineffable vou
conſerve par une longue ſui-
te d'années heureuſement à
cet Eſtat.

Quelle forte apprehenſion

me

me trouble encores? je ſuis en convulſion: les eſlans de la mort m'aſſaillent. Voſtre preſence, Madame, redouble l'accez de mon mal, jette dãs mon ame toutes vos angoiſſeuſes deſtreſſes: me repreſente mon crime: attache à mon ame les ſenſibles ſupplices de mon forfait. Chetive, moi, comment m'oſé-je proſterner à vos pieds, apres vous avoir tant offenſée. Parlerai-je, ou ſi ie me tairay. Mon ſilen ce me convaincra, ma parole vous renouvellera les douleurs de mon offenſe.

Mõ offẽſe helas! offenſe invo-
lõtaire, offẽſe non miene, mais
de ce maudit que ie deſadvouẽ
que ie condãne, que ie deteſte
Offenſe, helas, de laquelle i'ay
eſté auſsi eſloignée que l
bien du mal, que ma ſyncer
fidelité de ſon infidele rebel
lion: que mon amour parfai
envers mon Prince, de ſa hai-
ne infernale contre l'Oinc
du Seigneur. Il a pris (O tri
ſtes regrets, le comble d
mes ennuis) ſon eſtre de moi
mais ſon peché eſt de lui. I
n'y puis participer. Helas
pourquoi mourrois-ie, mo

innocente ? Miserable moy pourle peché de ce meschãt? que i'abhorre à l'egal des peines eternelles. Pourquoy serois-ie poursuivie des iustes vengeances du ciel deuës au crime enorme de cêt execrable? Son sang soit sur sa teste; son iniquité soit siene : qu'il perisse seul, comme seul il a forfait. Sodome pouvoit estre conservée par dix iustes. Pourquoi tant de bons seroient ils enveloppez dans lapunition d'un seul méchãt? Pourquoy serois-ie retranchée? Pourquoi l'Estat seroit il mutilé par mon retranchement? moi innocente, moi encores pleine de vigoureux esprits, de vifves & saines affections, pour le service de cet Empire. Vous estes celle Madame, qui dispensez la vie du chef a toutes les parties de ce corps, la vie descoulante de nostre Roy à toutes les Provinces de cet Estat. Ne desniez, Madame, ceste vie à ceste affligee Province. Imitez plustost la Nature, qui envoye toutes ses forces à la conservation de la partie malade. Ie suis à vous, sauvez moi donq; & ie ſerai deſireuſe de vos commandemens. Madame, Dieu beniſſant vos vertus vous a donné pour mere à noſtre Roi, pour Mere à ce puiſſant Royaume. I'ay peché contre le ciel & contre vous. Ie ne ſuis deſormais digne d'eſtre dite voſtre fille. Vueillez, Madame, que vos entrailles ſoient eſmeuës de ma miſere: ne me deniez ceſte affection maternelle. Vueillez, Madame, vous eſjouir, dequoi j'eſtois morte, & je ſuis retournée à vie, j'eſtois perdue, & je ſuis retrouvée.

Ainſi Dieu vous conſole en l'extremité de voſtre mal, en la violence de vos douleurs, en la grandeur de vos peines. Ainſi Dieu face proſperer voſtre adminiſtration: Ainſi Dieu face reuſsir vos ſaincts deſirs au bien du Roy & du Royaume.

Ici fut la fin : Ie me reſveillay en ſurſaut ; Ie me trouvay tout baigné de pleurs, tout eſtonné de la viſion, & ſi ne me puis reſoudre.

FIN.

www.ingramcontent.com/pod-product-compliance
Lightning Source LLC
LaVergne TN
LVHW052029160826
845678LV00003B/1246

* 9 7 8 2 3 2 9 6 4 1 6 9 0 *